Basteln mit Eierschachteln

Haben Sie zu Hause auch einige leere Eierkartons vorrätig? Dann heiße ich Sie herzlich willkommen zum großen Eierkarton-Bastelspaß! Außer den kostengünstigen Eierschachteln benötigen Sie lediglich Papier-, Band- oder Filzreste sowie etwas Farbe, schon kann es losgehen!

Eierkarton lässt sich leicht mit der Schere schneiden und die Formen für hübsche Figuren sind durch die charakteristischen Zapfen und Schälchen bereits vorgegeben. Da werden lustige Fingerpüppchen lebendig und vertreiben die Zeit auf einer langen Autofahrt. Kinderaugen leuchten, wenn sie einen Handwerkerwagen gefüllt mit Süßigkeiten oder Spielzeug erblicken. Erwachsene freuen sich über ein maritimes Geldgeschenk. Und mit einer Tischdeko à la Südsee kann Ihr Sommernachtsfest nur zu einem Erfolg werden. Auch für Ostern, Fasching, Halloween und Weihnachten finden Sie tolle Anregungen.

Viel Spaß beim Basteln! Ihre Ingrid Moras

MATERIAL
Folgende Hilfsmittel und Werkzeuge sollten Sie zur Hand haben. Sie werden bei den einzelnen Motiven nicht gesondert erwähnt.

- Bleistift
- Buntstift in Rot
- Tuschestift in Schwarz
- Hybridroller in Weiß
- Alleskleber, z. B. UHU
- Pinsel, Wasserbehältnis
- Küchenkrepp, Zeitung
- Zahnstocher, Schaschlikstäbchen
- Schere, kleine spitze Schere, Zackenschere
- Beißzange, Küchenmesser, Schneidebrett
- Prickelnadel, Stopfnadel
- Bürolocher, Lochzange

So wird's gemacht

Eierkartons

Es gibt verschiedene Arten von Eierkartons. Im wesentlichen unterscheidet man zwischen Eierschachteln für sechs oder zehn Eier und Eierpaletten für 30 Eier. Die geformten Vertiefungen, in die die Eier gesetzt werden, werden im Folgenden als „Schälchen" bezeichnet. Zwischen den Schälchen stehen zur Stabilisierung der Eier zapfenförmige Erhebungen. Diese Erhebungen werden im Folgenden „Zapfen" genannt. Die Zapfen gibt es in unterschiedlichen Höhen, kurz oder hoch, zudem gibt es eine Form, die oben nicht spitz zuläuft, sondern abgestumpft ist. Sowohl einige Schachteln als auch manche Paletten haben Zapfen mit Löchern. Die Eierpaletten haben eine glatte Oberseite, wohingegen die Unterseite leicht strukturiert ist. Die Schälchen der Paletten sind gleichmäßiger geformt als die der Schachteln und daher ideal für runde Modelle wie die Krebse auf Seite 17 oder die Hüte auf Seite 5.

Hinweis: In den Materiallisten finden Sie dementsprechend die Angaben „Zapfen" oder „Schälchen" aus „Schachtel" oder „Palette". Die Maßangabe dahinter bezieht sich auf die Höhe des zugeschnittenen Einzelteils.

Figuren ausschneiden

Wenn Sie die fertigen Motive aufmerksam betrachten, können Sie die Zapfen und Schälchen erkennen, aus denen sie gemacht werden.

Jeder Zapfen hat vier Kanten. Wird ein Zapfen aus der Eierschachtel geschnitten, ergeben sich an den Kanten automatisch zackenförmige Einschnitte (siehe Hunde, Seite 13). Die vier Seitenteile können Sie rund, spitz oder gerade zuschneiden. So erhalten Sie eine Hose, ein Oberteil oder ein Kleid, Palm- und Blütenblätter oder eine Bananenschale.

Für Schuhe, Füße, Flügel und andere plane Motivteile verwenden Sie den Deckel der Eierschachtel. Dieser ist in den Materiallisten nicht aufgeführt.

Formen der Einzelteile

Die Motivteile aus Eierkarton lassen sich im angefeuchteten Zustand ganz leicht biegen. Dazu das Teil entsprechend der Anleitung zuschneiden. Die Partie, die verformt werden soll, beidseitig mit einem Pinsel befeuchten. Das Motivteil einige Minuten beiseite legen, bis sich der Eierkarton nass und weich anfühlt. Anschließend die angefeuchteten Partien mit Zeigefinger und Daumen stets von innen nach außen in Form biegen. Danach zum Trocknen auf eine Zeitung oder auf ein Stück Küchenkrepp legen.

Bemalen der Figuren

Die Einzelteile werden meist vor dem Zusammensetzen bemalt. Es ist ratsam, die Figuren immer mit weißer Bastelfarbe zu grundieren. Durch die Farbe gewinnt der Eierkarton auch an Stabilität. Danach tragen Sie den entsprechenden Farbton auf. Meine Modelle sind alle mit Bastelfarben bemalt. Für den farbigen Anstrich auf die weiße Grundierung können Sie aber auch Wasserfarben nehmen. Allerdings sind diese nicht ganz so farbintensiv.

Gesichter und Details

Für Gesichter, Trennlinien usw., die direkt auf die getrocknete Bastelfarbe gemalt werden, empfehle ich Ihnen, einen Tuschestift zu verwenden. Dieser verblasst im Gegensatz zu (selbst wasserfesten) Filzstiften nicht.

Glanzpunkte in den Augen und sonstige Details in Weiß am besten mit einem Hybridroller aufmalen. Alternativ können Sie auch die Spitze eines Zahnstochers oder eines Drahtstücks in weiße Bastelfarbe tauchen und damit den Glanzpunkt auftupfen.

MOTIVHÖHEN
Clown: 14 cm

Roter Hut: 4 cm

Gelber Hut: 5,5 cm

Blauer Hut: 5 cm

MATERIAL PRO CLOWN
- 1 hoher Zapfen (Schachtel), 5,5 cm hoch (Hose)
- 1 kurzer Zapfen (Schachtel), 4 cm hoch (Hemd)
- 1 Zapfen (Palette), 1,5 cm hoch (Mütze)
- 1 Wattekugel, ø 2,5 cm
- Pfeifenputzer in Gelb oder Rot, 2 x 4 cm lang
- Bastelfarbe in Weiß, Gelb, Rot, Schwarz, Hautfarbe sowie Grün oder Blau
- Filzstift in Rot
- Tonkarton in Weiß, Blau sowie Rot oder Gelb und Grün
- Grasfaser in Orange
- 2 Holzperlen in Natur, ø 8 mm
- 1 Holzperle in Rot, ø 6 mm (für Nase, mit dem Küchenmesser halbieren)
- Draht, blau geglüht, ø 0,7 mm, 25 cm lang

ROTER HUT
- 1 Schälchen (Palette) 3 cm hoch
- 1 hoher Zapfen (Schachtel), 3,5 cm hoch
- 1 Marabufeder in Blau
- 1 Pompon in Gelb, ø 1,5 cm
- Bastelfarbe in Rot, Grün
- 1 Schaschlikstäbchen

GELBER HUT
- 1 hoher Zapfen (Schachtel), 4 cm hoch
- 1 Pfeifenputzer in Grün, 11,5 cm lang
- 1 Pompon in Rot, ø 2 cm
- je 1 Pompon in Rot, Grün, ø 7 mm
- Bastelfarbe in Gelb
- 1 Schaschlikstäbchen

BLAUER HUT
- 1 Schälchen (Palette), 2,5 cm hoch
- je 1 Pompon in Gelb, Rot, Grün, ø 7 mm
- Bastelfarbe in Blau
- Blumen-Stieldraht, blau geglüht, ø 0,4 mm
- Samtfaden in Rot, ø 2 mm, 24 cm lang
- 1 Schaschlikstäbchen

VORLAGENBOGEN 1A

Clowns und Hütchenstecker

→ tolle Faschingsdeko

Clown

1 Die Ränder beider Zapfen rund zuschneiden, mit Wasser befeuchten und leicht nach außen biegen (siehe Seite 3). Die Schuhe und das Mützenschild aus dem Deckel der Eierschachtel schneiden. Die Einzelteile gemäß der Abbildung bemalen. Die Punkte mit der stumpfen Seite eines Schaschlikstäbchens auftupfen.

2 Das Hemd versetzt auf die Hose, die Hose auf die Schuhe, die Wattekugel als Kopf und den Mund sowie die Augen (mit dem Bürolocher ausgelocht) aus Tonkarton fixieren. Die Lichtpunkte mit dem Hybridroller, die Lachfalten mit Tuschestift und die Bäckchen mit Buntstift aufmalen. Die Nase ankleben. Ringsum die Haare aus Grasfaser (ca. 2 cm lang) aufkleben.

3 Die Schildmütze aus dem Zapfen der Palette fertigen. Das Schild (siehe Vorlagenbogen) aus dem Deckel der Eierschachtel schneiden und befestigen. Die Mütze bemalen und auf den Kopf kleben.

4 Beidseitig die Arme anbringen und Holzperlen als Hände aufstecken. Den Draht spiralförmig um einen Schaschlikstab wickeln, leicht auseinander ziehen, die Enden in die Perlenöffnung kleben und daran die Herzen oder die zweiteiligen Blüten fixieren. Zuletzt die Fliege mit einem gelochten Kreis anbringen.

Roter Hut

1 Für den Hutrand den Boden des Schälchens so ausschneiden, dass der Zapfen für den Hut hineinpasst. Insgesamt hat der Rand eine

Höhe von 1,3 cm. Die Einzelteile bemalen. Den hohen Zapfen in den Hutrand kleben. Den Hut mit dem Pompon und der Feder verzieren.

Gelber Hut

1 Den Zapfen gerade abschneiden. Gelb grundieren. Drei Pompons sowie ringsum den Pfeifenputzer befestigen.

Blauer Hut

1 Den Rand des Schälchens mit Wasser befeuchten und leicht nach außen biegen (siehe Seite 3).

2 Nach dem Trocknen bemalen. Den Samtfaden umbinden. Drei Drahtstücke (je 5 cm lang) spiralförmig um einen Zahnstocher wickeln und die Pompons ankleben. Mit einer Nadel ein Loch in den Hut bohren, die Drähte durchstecken, an der Innenseite umbiegen und festkleben.

3 Je ein Schaschlikstäbchen in gewünschter Länge kürzen und an die Hutinnenseite kleben.

Pappnasen und -masken

→ kleiner Aufwand, große Wirkung

MOTIVGRÖSSEN
Maske: 9,5 cm x 8 cm

Nase: 5 cm x 4 cm

Schnabel: 7 cm

MATERIAL PRO MASKE

- 1 Schachtel für 6 oder 10 Eier mit hohen Zapfen
- 2 Marabufedern in Blau oder Gelb
- Bastelfarbe in Orange, Grün, Blau sowie Rot oder Gelb
- Hutgummi in Weiß

PRO NASE

- 1 Schälchen (Schachtel), 2 cm hoch
- Bastelfarbe in Rot oder Rosa
- ggf. Tonkarton in Schwarz
- Hutgummi in Weiß

SCHNABEL

- 1 hoher Zapfen (Schachtel), 7 cm hoch
- Bastelfarbe in Gelb
- Tonkarton in Weiß

VORLAGEN-BOGEN 1A

Maske

1 Aus der Eierschachtel einen Zapfen mit zwei Schälchen ausschneiden (Höhe der Schälchen 2 cm). Den Zapfen unten abgerundet abschneiden und gemäß der Abbildung bemalen.

2 Für die Wimpern an der orange-grünen Maske laut Vorlage zwei Bogen aus dem Deckel der Eierschachtel schneiden, die Ränder mit der Zackenschere beschneiden und ankleben. Die Federn anbringen.

3 Mit der Prickelnadel an der Zapfenunterseite zwei Atmungslöcher sowie beidseitig für das Hutgummi Löcher bohren und das Gummiband in der passenden Länge anknoten.

Nase

1 Das Schälchen gerade abschneiden. Mit der Lochzange zwei Atmungslöcher stanzen, seitlich mit der Prickelnadel zwei Löcher für das Hutgummi bohren. Bemalen.

2 Für die Schweinchennase zwei Nasenöffnungen aus Tonkarton mit dem Bürolocher ausstanzen und ankleben. Das Hutgummi in passender Länge einziehen.

Schnabel

1 Den Zapfenrand unten wellig schneiden und den Zapfen grundieren. Mit der Prickelnadel seitlich Löcher einstechen.

2 Die Nasenöffnungen (mit dem Bürolocher ausgestanzt) aufkleben, mit der Lochzange zwei Atmungslöcher stanzen und das Hutgummi in der gewünschten Länge durch die seitlichen Löcher ziehen.

Hasennest und Osterglocken

→ fröhlicher Schmuck für den Ostertisch

MOTIVGRÖSSEN
Hasennest: 15 cm x 9 cm
Osterglocke: 27 cm

MATERIAL HASENNEST
- 1 Schachtel für 6 Eier mit hohen Zapfen
- 2 Watteeier, 3 cm hoch
- 1 Holzperle in Rot, ø 6 mm (für Nasen, mit dem Küchenmesser halbieren)
- Bastelfarbe in Weiß, Ocker, Vanille, Orange
- Tonkarton in Weiß, Beige
- Erikamoos
- Filz in Hellbraun
- Sisalgras in Hellgrün

PRO OSTERGLOCKE
- 3 Schälchen (Palette), 2 x 5 cm, 1 x 1,5 cm hoch
- 1 hoher Zapfen (Schachtel), 4 cm hoch
- Bastelfarbe in Zitrone, Mittelgelb, Gelbgrün
- Tonkarton in Grün
- Krepppapier in Braun
- 1 Rundholzstab, ø 4 mm, 19 cm lang
- Sisalgras in Natur
- 1 Wattekugel, ø 5 cm
- Stricknadel
- 50-Cent-Stück

VORLAGENBOGEN 1A

Hasennest

1 Den Deckel der Schachtel abschneiden. Die Schachtel vanillefarben, die Zapfen und die Watteeier ocker bemalen.

2 Das Hasengesicht aus Tonkarton (Augen mit dem Bürolocher ausstanzen) fertigen, die Details mit Filzstift und Hybridroller sowie einem Buntstift aufmalen, die halbierte Holzperle als Nase aufkleben.

3 Die Ohren aus Filz doppelt ausschneiden, zusammenkleben und am Kopf befestigen.

4 Die Karotten aus dem Deckel der Eierschachtel fertigen und das Erikamoos beidseitig als Grünzeug ankleben.

Osterglocke

1 Die hohen Seiten an zwei Schälchen zu Blütenblättern abrunden, mit Wasser befeuchten und leicht nach außen biegen (siehe Seite 3). Den Blütenkelch aus dem hohen Zapfen am Rand leicht wellen. Die Einzelteile bemalen.

2 Blütenblätter und Blütenkelch ineinander kleben. Den grün grundierten Blütenboden zackig einschneiden und ankleben. Daran den bemalten Holzstab als Stiel befestigen.

3 Für die Blumenzwiebel das Loch in der Wattekugel mit einer Stricknadel vertiefen und mit einer spitzen Schere erweitern. Die Wattekugel mit Krepppapierstreifen (ca. 8 cm bis 9 cm lang, 8 mm breit) ringsum bekleben sowie unten das Sisalgras als Wurzeln kreisförmig anbringen. Einige Papierstreifen stehen lassen, diese spitz zuschneiden und über einen Scherenrücken wellen.

4 Den Blütenstiel in die Zwiebel stecken und fixieren, ebenso die Blätter aus Tonkarton. Als Standfläche ein 50-Cent-Stück anbringen.

Glückliche Hühner

→ da lachen ja die Hasen!

MOTIVGRÖSSEN

Hühnergruppe: 20 cm x 8,5 cm

Kantenhocker-Huhn:
8,5 cm (ohne Beine)

MATERIAL HÜHNERGRUPPE

- 1 Schachtel für 10 Eier mit hohen Zapfen
- Bastelfarbe in Weiß
- Tonkarton in Gelb
- Filz in Rot
- 8 Wackelaugen, ø 8 mm
- 4 Federn in Weiß

PRO KANTENHOCKER-HUHN

- 1 hoher Zapfen (Schachtel), 6,5 cm hoch
- Bastelfarbe in Weiß, Gelb
- Tonkarton in Gelb
- Filz in Rot
- 2 Wackelaugen, ø 8 mm
- 1 Feder in Weiß
- Baumwollgarn in Gelb, 6 x 14 cm lang

VORLAGENBOGEN 1A

Hühnergruppe

1 Alle vier Zapfen am Stück aus der Schachtel schneiden, den unteren Rand bogenförmig einschneiden (Körperhöhe 6,5 cm) und grundieren.

2 Die Flügel (siehe Vorlagenbogen) aus dem Deckel der Eierschachtel fertigen und bemalen. Die Schnäbel aus Tonkarton knicken. Kehlläppchen und Kämme aus Filz schneiden (den Kamm pro Huhn doppelt und vor dem Befestigen zusammenkleben).

3 Alle Einzelteile sowie die Schwanzfedern anbringen.

Kantenhocker-Huhn

1 Den Zapfen unten bogenförmig zuschneiden, grundieren.

2 Aus den Garnfäden zwei Zöpfe flechten, diese an der Innenseite des Körpers befestigen. Daran die bemalten Füße aus dem Deckel der Eierschachtel fixieren. Alle übrigen Einzelteile wie bei der Hühnergruppe anbringen.

Blumenkinder

→ bringen den Frühling mit

MOTIVHÖHE
6,5 cm

MATERIAL PRO BLUMENKIND

- 2 kurze Zapfen (Schachtel), 1 x 5 cm, 1 x 3,5 cm hoch
- 1 Wattekugel, ø 2 cm
- Bastelfarbe in Mango, Krokus oder Arktis sowie Weiß und Hautfarbe
- Bast in Grün
- 1 Holzperle in Natur, ø 8 mm
- Nadel und Faden in Weiß

1 Beide Zapfen bogenförmig ausschneiden, zusätzlich an jedem Bogen mittig eine Zacke einschneiden, so dass acht Bögen entstehen. Mit Wasser befeuchten und nach außen biegen (Seite 3). Die Einzelteile gemäß der Abbildung bemalen.

2 Die Holzperle an den Aufhängefaden knoten, diesen durch das Kleid sowie durch den bemalten Kopf ziehen.

3 Grüne Basthaare (je 2 cm lang) anbringen sowie etwas Bast am Kleid fixieren.

4 Etwa 1,5 cm von der Spitze entfernt mit einer Nadel ein Loch in den Hut stechen und den Aufhängefaden durchziehen. Danach den Hut mit Klebstoff auf dem Kopf befestigen.

Hunde

→ garantiert stubenrein

1 Beim Ausschneiden des Körperzapfens darauf achten, dass etwa noch 1 cm vom Schälchen stehen bleibt. Diese Abschnitte als Füße rund zuschneiden. Die Einschnitte der Beine ergeben sich durch das Ausschneiden der Zapfen von selbst, sie müssen lediglich etwas nachgeschnitten werden. Ohren und Schwanz aus dem Deckel der Eierschachtel schneiden. Bemalen.

2 Den Kopfrand leicht gebogen zuschneiden und auf dem Körper befestigen. Den Mund mit einem Tuschestift aufmalen, die Zunge befestigen und die Schnauze ankleben.

3 Die Augen mit einem Bürolocher ausstanzen, Lichtpunkte mit dem Hybridroller auftupfen, die Brauen aufmalen. Ohren und Schwanz befestigen.

MOTIVHÖHE
9 cm

MATERIAL PRO HUND

- 2 stumpfe Zapfen (Schachtel), 1 x 4,7 cm, 1 x 3,5 cm hoch
- Bastelfarbe in Weiß
- Tonkarton in Schwarz, Rot

VORLAGENBOGEN 1B

MOTIVHÖHE

8 cm

MATERIAL PRO FIGUR (NICHT KROKODIL)

- 1 hoher Zapfen (Schachtel), 6,5 cm hoch
- 1 Wattekugel, ø 2,5 cm
- 3 Holzperlen in Natur, ø 6 mm (1 für Nase, mit dem Küchenmesser halbieren)
- Pfeifenputzer in Gelb, Violett, Blau, Hellblau oder Rot, 2 x 4 cm lang
- Bastelfarbe in Hautfarbe, Weiß sowie Gelb, Grün, Violett, Blau, Hellblau, Rot und/oder Schwarz

KASPER

- 1 Zapfen (Palette), 1,5 cm hoch (Kragen)
- Langhaarplüsch in Schwarz
- 2 Pompons in Rot, ø 1 cm
- 1 Glocke in Blau, ø 1,5 cm
- Strickschlauch in Rot, 2,5 cm breit, 9 cm lang

OMA

- 1 Zapfen (Palette), 1,5 cm hoch (Kragen)
- 1 Schälchen (Palette), 1 cm hoch (Hut)
- Wolle in Grau
- Perlgarn in Violett, 15 cm lang

SEPPL

- 1 Schälchen (Palette), 1,5 cm hoch (Hut)
- Langhaarplüsch in Braun
- 1 Holzperle in Grün, ø 4 mm (mit dem Küchenmesser halbieren)
- Band in Rot-Weiß kariert, 0,5 cm breit, 10 cm lang

PRINZESSIN

- 1 Zapfen (Palette), 1,5 cm hoch (Kragen)
- Zauberwolle in Gelb
- 2 Indianerperlen in Blau
- Prägefolie in Gold, 6,5 cm x 1,3 cm

Fingerpüppchen

→ Kasperletheater en miniature

1 Die Zapfen, Schälchen und anderen Einzelteile gemäß der Abbildung zurechtschneiden. Die Kronen mit der Zackenschere zuschneiden. Die seitlichen Zähne in den Krokodilkopf frei Hand einschneiden, die vorderen Zähne und den Schwanz aus einem Eierkartondeckel ausschneiden. Die Augenuntergründe etwas größer als die Wackelaugen zuschneiden.

2 Die Kleider von König und Prinzessin sowie den Sepplhut mit Wasser in Form bringen (siehe Seite 3).

3 Die Einzelteile bemalen. Die weißen Punkte auf Omas Kleid mit einem Zahnstocher, die Flecken auf dem königlichen Hermelinbesatz mit dem Pinsel aufbringen. Die Haare befestigen: Langhaarplüsch, 8 cm lang, 1,5 cm breit; die graue Wolle zu einem Zopf flechten und schneckenförmig um Omas Kopf kleben, hinten zu einem Nest arrangieren.

4 Die Einzelteile wie abgebildet zusammenkleben und die Accessoires anbringen.

KÖNIG

- 1 Zapfen (Palette), 1 cm hoch (Kragen)
- Langhaarplüsch in Beige
- Musterbeutelklammer (mit der Beißzange kürzen)
- Prägefolie in Gold, 8,5 cm x 1,3 cm

KROKODIL

- 2 hohe Zapfen (Schachtel), 1 x 4,5 cm, 1 x 3,5 cm hoch
- 2 Wackelaugen, ø 8 mm

VORLAGENBOGEN 1B

Ahoi, Matrose!

→ maritimes Geldgeschenk

MOTIVGRÖSSEN
Matrose:
12 cm bis 14 cm
Leuchtturm: 11 cm
Krebse: 5,5 cm

MATERIAL PRO MATROSE
- 1 hoher Zapfen (Schachtel), 5,5 cm hoch (Hose)
- 1 kurzer Zapfen (Schachtel), 4 cm hoch (Hemd)
- 1 Wattekugel, ø 3 cm
- Bastelfarbe in Weiß, Blau
- Pfeifenputzer in Blau, 2 x 4,5 cm lang
- 3 Holzperlen in Natur, ø 8 mm (1 für Nase, mit dem Küchenmesser halbieren)
- Filz in Weiß, Rot
- Satinband in Blau, 3 mm breit, 2 x 3 cm lang
- Tonkarton in Weiß
- 1 Schaschlikstäbchen, 5 cm lang
- 1 Geldschein

ZUSÄTZLICH FÜR MATROSE MIT GELDSCHEINHUT
- Strukturschnee
- Decorlack in Schwarz

ZUSÄTZLICH FÜR MATROSE MIT GEROLLTEM GELDSCHEIN
- 1 Schälchen (Palette), 1,3 cm hoch (Mütze)
- Bast in Gelb
- Pfeifenputzer in Blau, 3 cm lang

PRO KREBS
- 1 Schälchen (Palette), 1,5 cm hoch
- Bastelfarbe in Karminrot
- 2 Wackelaugen, ø 6 mm
- Blumen-Stieldraht, ø 0,4 mm, 2 x 5 cm lang
- 2 Indianerperlen in Schwarz

LEUCHTTURM
- 5 hohe Zapfen (Schachtel), 1 x 5 cm, 1 x 4 cm, 1 x 3 cm, 2 x 2 cm hoch
- 1 Schälchen (Schachtel), 0,5 cm hoch (Aussichtsplattform)
- 1 Zapfen (Palette), 1,5 cm hoch (Dach)
- Bastelfarbe in Blau, Weiß

VORLAGENBOGEN 1B

Matrosen

1 Die Ränder der Zapfen rund schneiden, mit Wasser befeuchten und leicht nach außen biegen (siehe Seite 3). Die Schuhe aus dem Schachteldeckel schneiden. Die Augen mit dem Bürolocher aus weißem Tonkarton stanzen. Die Einzelteile bemalen.

2 In die Spitzen beider Zapfen mit einer Prickelnadel vorsichtig ein Loch bohren und das gekürzte Schaschlikstäbchen als Hals hineinstecken.

3 Die Einzelteile gemäß der Abbildung zusammensetzen.

4 Das Satinband beidseitig auf den Kragen kleben. Die Kragenmitte wird gelocht (siehe Vorlagenbogen) und der Schaschlikstab durchgesteckt.

5 Den Kopf auf das Schaschlikstäbchen kleben und das Halstuch umbinden (0,6 cm x 8 cm).

Matrose mit Geldscheinhut

6 Den Strukturschnee für die Haare mit einem Pinsel auftragen und nach dem Trocknen mit Decorlack bemalen. Aus dem Geldschein einen Hut falten und aufsetzen.

Matrose mit gerolltem Geldschein

6 Aus Bast die Haare aufkleben (2,5 cm lang). Die Mütze aus dem Schälchen anbringen. Den Pfeifenputzer schneckennudelartig zu einem Pompon aufrollen und aufkleben. Den Geldschein aufrollen und in den gebogenen Arm stecken.

Leuchtturm

1 Alle Einzelteile gerade abschneiden und laut Abbildung in Blau oder Weiß bemalen.

2 Nach dem Trocknen aufeinander kleben.

Krebse

1 Einzelteile zuschneiden – die Beine aus dem Deckel, das Palettenschälchen als Körper – und grundieren.

2 Die Drahtfühler über einen Zahnstocher zu Spiralen wickeln, mit der Prickelnadel zwei Löcher in das Schälchen bohren, die Fühler einstecken, an der Innenseite umbiegen und festkleben. Zwei Indianerperlen auf die Fühler stecken.

3 Die Einzelteile zusammenkleben.

Quallenstrippe

→ freundliche Tierchen

MOTIV-GRÖSSE
30 cm

MATERIAL
- 3 hohe Zapfen (Schachtel), 5,5 cm hoch
- 3 Schälchen (Schachtel), 2,5 cm hoch
- Tonkarton in Weiß
- Bastelfarbe in Weiß, Arktis, Krokus, Zarttürkis
- irisierender Glimmer
- Kordel in Blau, Weiß, pro Qualle ca. 40 cm lang
- Sisalgras in Hellblau
- Cannastab in Blau, ø 6 mm, 27 cm lang
- Nadel und Faden in Weiß
- Perlgarn in Weiß
- Tuschestift in Blau

VORLAGENBOGEN 1B

1 Zapfen- und Schälchenränder leicht wellig zuschneiden. Kopf und Körper farbig grundieren. In die nasse Farbe am Körper Glimmer einstreuen.

2 Die Augen aus Tonkarton schneiden und bemalen.

3 Mit der Nadel durch beide Teile den Aufhängefaden (2 x 11 cm, 1 x 19 cm lang) ziehen, dann erst zusammenkleben.

4 Die Kordel in unterschiedlich lange Stücke schneiden, in einzelne Stränge teilen und an der Körperinnenseite befestigen.

5 Die Quallen an dem mit Sisalgras umwickelten Cannastab befestigen. Den Aufhängefaden aus Perlgarn anknoten.

Utensilien-Kroko

→ wild, aber nützlich

MOTIVGRÖSSE
55 cm

MATERIAL

- 1 Schachtel für 10 Eier mit hohen Zapfen
- 1 Schachtel für 6 Eier mit hohen Zapfen
- 2 Schälchen (Palette), 1,5 cm hoch (Augenuntergründe)
- Bastelfarbe in Weiß, Grün, Scharlachrot
- 2 Wackelaugen, ø 2,5 cm
- Perlgarn in Grün, 14 cm lang

VORLAGEN-BOGEN 1B

1 Von beiden Schachteln den Deckel abschneiden, den Schwanz und die Zähne aus dem Deckel der großen Schachtel zuschneiden, die Einzelteile gemäß der Abbildung bemalen.

2 Durch den Deckel für den Kopf mit einer Prickelnadel zwei Löcher stechen (ca. 2 cm von der seitlichen Deckelrundung und 1 cm von der Deckeloberseite entfernt). Das Perlgarn hindurchziehen. Die Wackelaugen in die Schälchen kleben und auf dem Deckel fixieren. Die Zähne befestigen.

3 Den Deckel schräg auf das Schachtel-Unterteil kleben. Den Schwanz an der Randunterseite des Körpers befestigen.

4 An der Körpervorderseite mit der Prickelnadel zwei Löcher stechen (2 cm von der seitlichen Rundung entfernt), den Perlgarnfaden hindurchziehen und verknoten.

Südseetraum

→ für heiße Sommernächte

MOTIVGRÖSSEN

Banane: 8 cm

Palme: 18,5 cm

Lichterkette: 4 cm (einzelne Blüte)

MATERIAL PRO BANANE

- 2 hohe Zapfen (Schachtel), 1 x 5 cm (Schale), 1 x 4,5 cm hoch (Frucht)
- Bastelfarbe in Gelb, Elfenbein
- dünner Zweig
- Tonpapier in Elfenbein

PALME

- 10 hohe Zapfen (Schachtel), je 1 x 7 cm, 5 cm, 4,5 cm, 4 cm, 3,5 cm, 3 cm, 2,5 cm, 2 cm (Stamm), 2 x 7 cm hoch (Blätter)
- Bastelfarbe in Hellbraun, Blaugrün

LICHTERKETTE

- 20 Zapfen mit Löchern (Palette), 10 x 4 cm, 10 x 1,5 cm hoch
- Bastelfarbe in Orange, Zinnoberrot, Grün
- Buchsgirlande, 3,10 m lang
- Lichterkette mit zehn Birnchen

VORLAGENBOGEN 2A

Bananen-Tischkärtchen

1 Den höheren Zapfen entlang der vier Kanten senkrecht einschneiden und die Bananenschalenenden spitz zuschneiden. Mit Wasser befeuchten und über die Finger nach außen, teilweise auch schräg biegen (siehe Seite 3).

2 Den Zapfen für die Banane schräg abschneiden (eine Seite 4,3 cm, die gegenüberliegende Seite 3,5 cm hoch). Die Teile gemäß der Abbildung grundieren.

3 Die Frucht in die Schale kle-

ben sowie ein Stück von einem dünnen Zweig als Stiel befestigen. Nochmals mit gelber Farbe übermalen. Das Namenskärtchen aus Tonpapier (2,5 cm x 0,8 cm) beschriften und befestigen.

Palme

1 Als Standfläche den ganz hohen Zapfen verwenden. Unten der Abbildung entsprechend zuschneiden. Die übrigen, gerade geschnittenen Zapfen, nach oben kürzer werdend, aufkleben. Den Stamm bemalen.

2 Die Zapfen für die Palmblätter an vier Seiten je 2,5 cm tief einschneiden. Die Blätter spitz zuschneiden, mit Wasser befeuchten und nach außen biegen (siehe Seite 3). Grün bemalen und versetzt ineinander kleben. Zwei einzelne Blätter aus dem Deckel der Eierschachtel schneiden, mit Wasser in Form biegen und in die Blattkrone kleben.

3 Die Blätter auf dem Stamm befestigen.

Lichterkette

1 Die Eierpalette hat bereits ausgestanzte Öffnungen, in die die Birnchen der Lichterkette später eingeschoben werden. Die Blütenblätter an den Zapfen abrunden, mit Wasser befeuchten und nach außen biegen (siehe Seite 3). Die Zapfen für die Blütenböden (1,5 cm hoch) zackig einschneiden.

2 Die Einzelteile grundieren und aufeinander kleben. Achtung: Die ausgestanzten Öffnungen auf keinen Fall an der Innenseite bemalen, sonst kann man die Birnchen nicht mehr durchschieben.

3 Das Kabel der Lichterkette mit der Buchsgirlande umwickeln, die Blüten auf die Birnchen stecken.

Sonnenblumenstecker

→ ganz natürlich

MOTIVGRÖSSE
21 cm

MATERIAL PRO SONNENBLUME

- 1 Schälchen (Schachtel), 2 cm hoch
- Bastelfarbe in Gelb, Grün, Braun
- Tonkarton in Grün
- 1 Schaschlikstäbchen
- Pfefferkörner

VORLAGENBOGEN 2A

1 Die Schälchen gerade abschneiden. Für die Blütenblätter an der Außenkante ringsum ca. 1 cm tief Zacken einschneiden. Die Blütenblätter beidseitig mit Wasser befeuchten und leicht nach außen biegen (siehe Seite 3).

2 Die Einzelteile gemäß der Abbildung bemalen (die Blütenmitte in Braun).

3 Die Pfefferkörner ankleben. An die Blumenrückseite das Schaschlikstäbchen kleben. In die Blätter aus Tonkarton mit der Lochzange ein Loch stanzen und den Stab durchziehen.

Mäuse im Hafer

→ herbstlich

MOTIVGRÖSSE
ca. 44 cm

MATERIAL
- 3 hohe Zapfen (Schachtel), 5 cm hoch
- Bastelfarbe in Grau
- Pfeifenputzer in Grau, 3 x 6,5 cm lang
- Grasfaser in Schwarz
- 3 Pompons in Schwarz, ø 7 mm
- 6 Wackelaugen, ø 4 mm
- 6 Deko-Sonnenblumen, ø 2 cm
- Hafer
- Nadel und Faden in Weiß
- 3 Indianerperlen in Grau
- Effektdraht in Silber
- Klebepistole

VORLAGEN-BOGEN 2B

1 Die Zapfenränder leicht wellig zuschneiden, die Ohren aus dem Deckel der Schachtel schneiden. Die Einzelteile grundieren.

2 Aus Grasfaser 5,5 cm lange Stücke schneiden, als Barthaare befestigen, darauf einen Pompon kleben. Augen, Schwanz und Ohren befestigen.

3 Zwei Haferbüschel (je 10 cm lang) gegeneinander legen und mit Effektdraht zusammenbinden. Durch den Körper der Maus (3,5 cm vom Schnäuzchen entfernt) mit der Prickelnadel ein Loch stechen, den Aufhängefaden durchziehen, an das Ende eine Indianerperle knoten. Die Maus mit Heißkleber auf dem Haferbüschel befestigen. Den Aufhängefaden um das zweite Haferbüschel knoten. Stets von unten nach oben arbeiten und so fortfahren, bis die Kette fertig ist.

4 Zuletzt die Sonnenblumen mit Heißkleber beidseitig auf dem Hafer befestigen.

Vogelscheuchen und Fliegenpilze

→ bunt und fröhlich

MOTIVGRÖSSEN

Vogelscheuchen-Kette: 40 cm

Vogelscheuchen-Stecker: 11 cm

Fliegenpilzstecker: 5,5 cm

MATERIAL PRO VOGELSCHEUCHE

- 1 hoher Zapfen (Schachtel), 6,5 cm hoch
- 1 kurzer Zapfen (Schachtel), 4 cm hoch
- 1 Wattekugel, ø 2,5 cm
- Bastelfarbe in Weiß, Hellbraun, Gelb, Hautfarbe sowie Zinnoberrot, Mittelblau oder Grün
- Tonkarton in Gelb, Blau, Orange, Grün, Rot (Flicken)
- Maisstroh in Gelb
- je 2 Holzperlen in Blau, Gelb oder Rot, ø 6 mm (1 mit dem Küchenmesser halbieren)
- ggf. Nadel und Faden in Weiß (Kette)
- ggf. 1 Schaschlikstäbchen (für Stecker)

PILZ

- 1 hoher Zapfen (Schachtel), 3,5 cm hoch
- 1 Schälchen (Palette), 3,5 cm hoch
- Bastelfarbe in Zinnoberrot, Weiß
- 1 Schaschlikstäbchen, 5 cm lang

VORLAGENBOGEN 2A

Vogelscheuchen

1 Den hohen Zapfen als Kleid fransig einschneiden. Den Rand des kurzen Zapfens für den Hut mit Wasser befeuchten und leicht nach außen biegen (siehe Seite 3). Die Arme aus dem Deckel der Schachtel schneiden.

2 Die Einzelteile gemäß der Abbildung farbig gestalten. Die geteilte Holzperle als Knöpfe sowie die Tonkartonflicken anbringen. Die Stiche mit Filzstift aufmalen. Die Arme ankleben.

3 Durch den Körper mit der Prickelnadel ein Loch stechen, den Aufhängefaden durch Körper und Kopf ziehen. An das untere Ende eine Holzperle knoten. Den Kopf auf den Körper kleben und die Haare aus Maisstroh (3,5 cm lang) befestigen. Mit der Prickelnadel ein Loch durch den Hut bohren (2 cm von der Hutspitze entfernt), den Aufhängefaden durchziehen, den Hut auf den Kopf kleben.

4 Für die Kette den Aufhängefaden der ersten Vogelscheuche an eine weitere Holzperle knoten und einen neuen Faden für die zweite Vogelscheuche daran befestigen.

5 Für den Stecker anstelle des Fadens das Schaschlikstäbchen durch das Kleid und den Kopf führen und befestigen.

Fliegenpilzstecker

1 Den Rand des Schälchens für den Hut mit Wasser befeuchten und leicht nach außen biegen (siehe Seite 3). Die Einzelteile gemäß der Abbildung bemalen.

2 Den Pilzhut auf den Stiel kleben. In die Unterseite ein Loch bohren, den gekürzten Schaschlikstab einstecken und festkleben.

Handwerkerwagen

→ zum Beladen und Ziehen

MOTIVGRÖSSE
24,5 cm lang, 15 cm hoch

MATERIAL
- 1 Schachtel für 10 Eier mit hohen Zapfen
- 4 Schälchen (Palette), 1,5 cm hoch (Mützen)
- 4 Wattekugeln, ø 3 cm
- Bastelfarbe in Orange, Blau, Hautfarbe, Schwarz
- Strukturschnee
- Decorlack in Dunkelbraun, Schwarz
- 6 Holzperlen in Natur, ø 8 mm (2 für Nasen, mit dem Küchenmesser halbieren)
- 8 Holzperlen in Natur, ø 6 mm
- Pfeifenputzer in Blau, 8 x 4 cm lang
- 4 Zahnstocher
- Tonkarton in Weiß, Blau
- Kordel in Blau, ø 2 mm
- 2 Schaschlikstäbchen, je 15 cm lang
- 4 Holzperlen in Natur, ø 1,4 cm
- 4 Holzperlen in Natur, ø 2 cm
- Heißkleber
- Band in Rot-Weiß und in Grün-Weiß kariert, 6 mm breit, je 2 x 13 cm lang
- 4 Deckel von Glasbehältern für Bastelfarbe, ø 4,5 cm

VORLAGENBOGEN 1B

1 Die Einzelteile gemäß der Abbildung farbig gestalten. Die Augen sind mit dem Bürolocher aus Tonkarton ausgestanzt und mit Iris und Pupille bemalt. Als Haare den Strukturschnee mit einem Pinsel auftragen und nach dem Trocknen mit Decorlack bemalen. Die Schilder für die Mützen aus dem Deckel einer Eierschachtel schneiden und an die Mützen kleben.

2 In die Spitze der Zapfen ein Loch bohren, einen Zahnstocher als Hals einstecken, an der Unterseite mit einer Holzperle (ø 8 mm) und Klebstoff fixieren. Den Kopf auf den Zahnstocher kleben, die Mütze fixieren und das Halstuch umbinden. Die Arme befestigen und jeweils Perlen (ø 6 mm) als Hände aufstecken.

3 Für die Räder in die Deckelmitte mit einer heißen Stopfnadel ein Loch schmelzen. Achtung: Das ist eine Arbeit für Erwachsene! Je einen Tonkartonkreis aufkleben.

4 Holzperlen (ø 1,4 cm und ø 2 cm) und Schaschlikstäbe in Schwarz bemalen. Eine große Holzperle mit Alleskleber an einem Ende des Schaschlikstabs befestigen, darauf das Rad stecken sowie eine kleine Holzperle aufkleben. Ebenso das andere Ende bestücken. Achtung: Alle Räder müssen genügend Spielraum zum Drehen haben.

5 Die Radachse an der Unterseite zwischen je zwei Eierbehälter mit Heißkleber befestigen. Am vorderen Ende in die Mitte der Eierschachtel ein Loch stanzen, durch dieses die Zieh-Kordel in beliebiger Länge ziehen.

MOTIVGRÖSSEN
Fledermaus: 3,5 cm
Vampir: 12,5 cm

MATERIAL PRO FLEDERMAUS
- 2 Schälchen (Schachtel), 1,7 cm hoch
- Bastelfarbe in Schwarz
- Tonkarton in Schwarz, Weiß
- 2 Wackelaugen, ø 6 mm
- 1 Pompon in Rot, ø 7 mm
- Faden in Weiß
- 1 Schaschlikstäbchen oder Bleistift

VAMPIR
- 2 hohe Zapfen (Schachtel), 1 x 4,5 cm (Hose), 1 x 7 cm hoch (Oberteil)
- 1 Wattekugel, ø 3 cm
- Bastelfarbe in Hautfarbe, Lila, Schwarz
- Strukturschnee
- Decorlack in Schwarz
- Tonkarton in Weiß
- Pfeifenputzer in Schwarz, 2 x 4 cm lang
- 3 Holzperlen in Natur, ø 8 mm (1 für Nase, mit dem Küchenmesser halbieren)
- 2 Musterbeutelklammern
- Baumwollstoff in Weiß
- Wellpappe in Schwarz
- Filz in Rot, Schwarz, Lila
- Filzstift in Rot

VORLAGENBOGEN 2B

Halloween

→ schaurig-schön

Abbildung auch Seite 1.

Fledermaus

1 Die Schälchen zusammenkleben und bemalen.

2 Mit einem spitzen Bleistift (für Stiftaufstecker) oder einer Prickelnadel (für Stecker) ein Loch in den Boden bohren und erweitern, bis der Stift oder das Schaschlikstäbchen durch die Öffnung passt.

3 Der Mund ist aus einem 1,5 cm langen Stück Faden. Die Einzelteile ankleben.

Vampir

1 Den Rand der Hose gerade, den des Oberteils gezackt zuschneiden. Alle Einzelteile farbig gestalten, Strukturschnee mit dem Pinsel als Haare auftragen, nach dem Trocknen mit Decorlack einfärben. Die Schuhe doppelt aus Wellpappe schneiden und mit der gewellten Seite aneinander kleben.

2 Alle Einzelteile mit Klebstoff zusammenfügen. Auf die Fliege einen ausgelochten Filzkreis kleben. Die Klammern an den Musterbeutelklammern mit der Beißzange abschneiden und die Köpfe als Knöpfe aufkleben.

3 Das Taschentuch an einer Ecke mit einem Faden abbinden und an den Arm kleben.

Adventskalender

→ für 24 kleine Überraschungen

1 Vier Zacken in die Zapfen schneiden (Höhe der Zacken ca. 2 cm). Die Zapfen in Blau bemalen und in die nasse Farbe Glitter einstreuen.

2 Die Sterne mit Alleskleber befestigen.

3 Die Rechtecke aus Krepppapier zuschneiden, für eine Seite die Zackenschere verwenden. Das Krepppapier in die Tüte kleben, zum Andrücken des Papiers eventuell eine große Schere verwenden.

4 Die Sterne aus dem Deckel der Eierschachteln schneiden und mit dem Lackstift beschriften. Auf der Rückseite eine Aufhängekordel durch das Band ziehen und nach dem Befüllen verknoten.

MOTIVGRÖSSE
13 cm

MATERIAL

- 24 hohe Zapfen (Schachtel), 7 cm hoch
- Bastelfarbe in Ultramarinblau
- Glitter in Silber
- 96 Sterne in Silber, ø 1 cm
- 24 Stücke Krepppapier in Silber, 16 cm x 9,5 cm
- Kordel in Silber, 24 x 50 cm lang (30 cm zum Zusammenbinden, 20 cm zum Aufhängen)
- Lackstift in Silber

VORLAGEN-BOGEN 2A

Weihnachten steht vor der Tür!

→ niedlicher Adventsschmuck

MOTIV-GRÖSSEN

Nikoläuse: 17 cm

Engelchen: 8 cm

Tannenbäume: 13 cm

MATERIAL PRO NIKOLAUS

- 2 hohe Zapfen (Schachtel), 1 x 6 cm, 1 x 2,5 cm hoch
- Wattekugel, ø 2,5 cm
- Bastelfarbe in Weiß, Rot, Hautfarbe
- Strukturschnee
- 2 Holzperlen in Natur, ø 1 cm
- 2 Holzperlen in Rot, ø 1,2 cm
- 1 Holzperle in Rot, ø 6 mm (für Nase, mit dem Küchenmesser halbieren)
- 1 Wattekugel, ø 1 cm
- Paketschnur, 38 cm, 22 cm lang
- Füllwatte
- Faden in Weiß

PRO ENGEL

- 1 hoher Zapfen (Schachtel), 3,5 cm hoch
- 1 Schälchen (Palette), 3,8 cm hoch
- Bastelfarbe in Weiß, Hautfarbe, Gold
- 1 Wattekugel, ø 2 cm
- Paketschnur, 7 cm lang
- 2 Holzperlen in Natur, ø 8 mm
- Goldkordel, ø 0,8 mm, 8 cm lang
- Lackstift in Gold
- Flower Hair in Gold

PRO BAUM

- 5 kurze Zapfen (Schachtel), 4 x 4,5 cm, 1 x 3,8 cm hoch
- 1 Schälchen (Palette), 2,5 cm hoch (Topf)
- Bastelfarbe in Blaugrün, Scharlachrot
- Strukturschnee
- 1 Schaschlikstäbchen

VORLAGENBOGEN 2B

Nikoläuse

1 Die Zapfen gerade abschneiden. In die Spitze des hohen Zapfens mit der Prickelnadel ein größeres Loch bohren. Die Einzelteile farbig gestalten. Den Strukturschnee an Mantel, Mütze und kleiner Wattekugel auftupfen. Nach dem Trocknen die Wattekugel als Bommel an die Mütze kleben.

2 Die Mitte der Beinschnur durch das Loch im Zapfen führen, anschließend durch die entstandene Öse die Arme ziehen. Mit Alleskleber fixieren und die Beine leicht nach unten ziehen. An die Enden je eine Holzperle aufziehen und anknoten.

3 Durch die Wattekugel und die Mütze einen Aufhängefaden ziehen und den Kopf auf dem Körper befestigen. Den Bart und von hinten einige Haare aus Füllwatte sowie die Mütze aufkleben.

Engel

1 Den Rock aus dem Schälchen und den Oberkörper aus dem Zapfen zusammenkleben. Die Flügel aus dem Deckel der Schachtel schneiden. Die Einzelteile gemäß der Abbildung farbig gestalten.

2 Die Arme auf das Oberteil kleben sowie die Holzperlen mit Klebstoff befestigen. Durch die Wattekugel einen Aufhängefaden ziehen, den Kopf aufkleben und die Haare aus Flower

WEITERFÜHRUNG

Weihnachten steht vor der Tür!

Hair befestigen.

3 Von vorne die Goldkordel anbringen und von hinten die Flügel fixieren.

Tannenbäume

1 Die Ränder der vier höheren Zapfen gewellt zuschneiden. Zusätzlich in jeden Bogen eine Zacke schneiden. Die kürzere Tannenspitze hat nur vier Spitzen. Mit Wasser befeuchten und die einzelnen Rundungen leicht nach außen biegen (siehe Seite 3).

2 In jede Zapfenspitze ein Loch bohren. Die Einzelteile farbig grundieren.

3 Die einzelnen Zapfen versetzt auf den Schaschlikstab fädeln und die Tannenspitze aufkleben. Den Schaschlikstab kürzen. Den Tannenbaum in den Topf kleben und die einzelnen Zweige mit Strukturschnee schmücken.

DIESES BUCH ENTHÄLT 2 VORLAGENBOGEN

IMPRESSUM

FOTOS: frechverlag GmbH, 70499 Stuttgart; Fotostudio Ullrich & Co., Renningen
DRUCK: frechdruck GmbH, 70499 Stuttgart

Auflage:	5.	4.	3.	2.	1.	
Jahr:	2007	2006	2005	2004	2003	[Letzte Zahlen maßgebend]

ISBN 3-7724-3219-0
Best.-Nr. 3219